COME GUADAGNARE SOLDI CON IL TUO BLOG NEL 2019

IMPARA A GENERARE REDDITO ONLINE PASSO DOPO PASSO, GENERARE MIGLIAIA DI VISITE AL TUO SITO WEB, DIVENTA UN BLOGGER ESPERTO

Gaston Echevarria

Indice dei contenuti

Introduzione

Vuoi fare soldi nel mondo del blogging redditizio? Non vedi l'ora di diventare uno di quei blogger a sei cifre di cui hai sentito tanto parlare?

Se è così, vorrete leggere ogni parola di questo rapporto speciale perché vi mostrerò esattamente come potete unirvi alle fila di coloro che hanno coltivato il monitoraggio degli acquirenti regolari attraverso una rete di blog altamente mirati.

Ho eliminato il disordine e il tempo sprecato in modo da potervi portare al cuore dei blog di successo senza complicare troppo il processo, o costringendovi a passare attraverso una lunga e lunga curva di apprendimento.

Perche' la verita' e' che non deve essere cosi' complicato.

Fare soldi con blog di nicchia attentamente progettati non è così difficile da fare. Infatti, se siete alla ricerca di un modo semplice e veloce per configurare il negozio in modo da poter iniziare a fare soldi online senza un grande investimento, il blogging è la strada da percorrere.

Creare blog di alta qualità nella vostra nicchia o settore che generano traffico e forniscono contenuti e informazioni preziose al vostro mercato è anche uno dei metodi più efficaci per costruire una presenza autorevole e affermarsi nel vostro settore, oltre a incredibili margini di profitto; i blog vi mettono in una posizione di rilievo nel vostro mercato.

E indovina un po'? La parte migliore di questa strategia è che è anche eccezionalmente facile da fare e molto conveniente. Creare un blog non costa molto denaro. Infatti, la maggior parte del lavoro richiederà il vostro tempo, non i vostri dollari.

Quindi, senza ulteriori indugi, cominciamo subito!

Si può fare un sacco di soldi con i blog?

Ecco la verità sui blog a sei cifre: mentre i blog possono (eventualmente) essere automatizzati, non ci si deve aspettare che i ricavi siano passivi fin dall'inizio. Dovrete lavorarci sopra, soprattutto quando lancerete il vostro blog e costruirete una piattaforma che volete essere riconosciuti nel vostro mercato.

Quando ho iniziato a bloggare ho trascorso 30-50 ore al mese a creare contenuti, trasformare i visitatori in abbonati alle e-mail e vendere prodotti e servizi (nessuno dei quali ho creato io stesso - mi sono concentrato interamente sul marketing di affiliazione. Per saperne di più su questo più tardi).

Mentre alla fine ho esternalizzato la maggior parte dei miei contenuti a scrittori esperti, passo ancora del tempo a valutare le opzioni pubblicitarie, rivedendo i prodotti che posso promuovere, costruendo la mia mailing list e creando campagne pubblicitarie per aumentare il traffico e mantenere i miei blog in prima linea.

Mentre è possibile delegare molti compiti a un team, come la creazione di contenuti e persino il marketing, si vorrà essere direttamente coinvolti nella fase iniziale di costruzione. Questo è il tuo marchio, dopotutto. Devi assicurarti che ogni contenuto abbia la tua voce, porti il tuo messaggio e rappresenti il tuo business nel miglior modo possibile.

Nessuno sarà mai attento e

professionale nella costruzione del tuo blog come te, giusto? Quindi, tenete i tacchi e impegnatevi a passare i primi mesi di costruzione del vostro blog dal piano terra in su. Poi, e solo allora, dovreste iniziare a creare un team che vi aiuterà a gestire il vostro blog e, se decidete di farlo, ad espandervi in altre strade con altri blog di nicchia (se decidete di farlo).

Anche in questo caso, il blogging non è affatto un metodo a mani libere per fare soldi durante le fasi iniziali. Dovete essere pronti a dedicare un po' di tempo e di sforzi se volete davvero avere successo.

Ma la buona notizia? Il tuo duro lavoro ti ripagherà.

I modi migliori per fare soldi con il tuo blog

Mentre ci sono innumerevoli rapporti e articoli che hanno complicato eccessivamente il processo di fare soldi dai blog, ecco un riassunto di base di come è stato fatto:

1: Creare un blog e registrare un dominio memorabile. Evitare le opzioni ospitate in remoto. Hai bisogno di avere il pieno controllo del tuo sito web in modo da poter usufruire di tutte le diverse opzioni di reddito senza limitazioni (o annunci di altre persone).

2: Scrivere (o esternalizzare) contenuti che generano traffico e attraggono i visitatori. Questo contenuto deve essere di alta qualità, specifico e informativo. Tutta carne, niente verdure.

3: Trasforma i tuoi visitatori in abbonati e-mail in modo da poter creare la tua lista. Una newsletter è la chiave per costruire un blog online di successo. Una newsletter è essenziale per avere successo in quasi tutti i mercati online. Non guadagnerai mai cosi' tanti soldi senza.

4: Comunicare regolarmente con gli abbonati in modo che le loro liste non si raffreddino. Costruire un rapporto di comunicazione e fiducia. Incoraggiare le relazioni con il mercato. Questo è dove è possibile costruire un marchio riconosciuto come un'autorità nel vostro mercato e differenziarsi dalla concorrenza (specialmente da quei blogger che non lo fanno!).

5: Vendi prodotti e servizi al tuo pubblico attraverso il tuo blog e la tua nuova newsletter.

Sembra piuttosto facile, non e' vero? Lo e'. Ma ci vorrà del tempo. Andiamo un po' più a fondo in ognuno di questi passaggi, in modo da poter capire meglio come funziona.

➤ *CREA IL TUO BLOG*

Questo rapporto si concentra su come fare soldi con il tuo blog, quindi non entrerò nei dettagli sulla costruzione della piattaforma. Sappiate che dovreste sempre scegliere un dominio memorabile che si rivolge al vostro mercato e che avete creato un account di hosting professionale che contiene il vostro blog.

Non utilizzare un host gratuito o un'opzione di hosting remoto come Blogger.

➢ *CREARE CONTENUTI PER IL TUO BLOG*

Il tipo di contenuto che creerete dipenderà dal vostro target di riferimento, ma ogni contenuto dovrebbe essere sempre informativo e l'argomento più succoso e rilevante a cui potete pensare.

Il tuo contenuto sarà ciò che guida il traffico e mantiene i visitatori che ritornano sul tuo blog. Dovete stabilire il vostro blog come fonte informativa di contenuto nel vostro mercato, quindi assicuratevi di dedicare più tempo allo sviluppo di contenuti interessanti (o all'outsourcing a scrittori esperti che conoscono il vostro mercato dentro e fuori).

Suggerimento interno: Un modo semplice per fornire valore aggiunto sul tuo sito web è quello di utilizzare un plugin come www.PostGopher.com che convertirà il contenuto del tuo articolo in file PDF che i tuoi visitatori possono salvare sui loro computer. Questo permette loro di leggerlo in seguito, mantenendo la loro attenzione e aumentando le loro possibilità di digerire il suo contenuto.

➢ COSTRUIRE E CONVERTIRE I CLIENTI

Devi essere sempre al lavoro per costruire la tua lista. Questo è un processo che puoi impostare su autopilota utilizzando moduli di opt-in in loco che catturano le informazioni dei visitatori e le aggiungono alla tua mailing list. Plugins come www.OptinMonster.com rendono facile aggiungere visitatori alle tue mailing list.

Offrire un incentivo a coloro che si uniscono alle tue liste, ad esempio fornendo loro un rapporto speciale non disponibile altrove sul tuo blog, o offerte speciali e sconti su prodotti e servizi. Devi sempre consegnare più del necessario e iniziare con cautela. Non inondare subito i tuoi abbonati con offerte a pagamento - stabilisci prima un rapporto con loro e fai sapere loro che stai cercando i loro interessi.

Poi, impostare campagne di autoresponder che trasmetteranno nel tempo una varietà di preziose offerte gratuite ai vostri abbonati. Ho creato personalmente un'e-mail introduttiva e di benvenuto per inviare i miei abbonati non appena si iscrivono alla mia lista.

Poi, 2-3 giorni dopo, ho un'altra e-mail automatica che offre un rapporto speciale gratuito sulla mia nicchia. Poi, una settimana dopo, comincio a condizionarli per aprire le mie email perché sanno che avranno valore per farlo. Un'altra offerta gratuita, un codice sconto speciale o un'infografica speciale in base a ciò che più interessa ai miei visitatori.

Non è fino a 7-12 giorni dopo prima di iniziare a vendere attivamente, e lo faccio nel modo più passivo possibile. Invece di offerte coraggiose e faccia a faccia, lavoro CON loro fornendo loro preziose risorse o strumenti che, a mio avviso, aiuteranno o miglioreranno in qualche modo la loro vita.

Quando gli abbonati sentono che sei un

amico che si prende cura di loro, piuttosto che un venditore il cui unico interesse è quello di fare soldi, risponderanno di conseguenza. Quindi, non essere un email marketer aggressivo - siate un blogger professionista con un polso nel vostro mercato e uno che è disposto ad andare a distanza per il vostro visitatore (e potenziali clienti).

> ***Guadagnare la loro fiducia e rispetto.***

E infine, vendere prodotti e servizi come se non fossero affari di nessuno! È allora che inizierai a guadagnare denaro con il tuo blog e, mentre lo fai, vedrai a cosa rispondono i tuoi visitatori in modo da poter adattare il tuo sistema e iniziare ad adattare sia le tue campagne email che il contenuto del tuo blog, a seconda di ciò che interessa loro di più.

Il che ci porta all'essenza di questa relazione: COME fare soldi.

Quali prodotti o servizi dovresti vendere? Come puoi trasformare i contenuti gratuiti in profitto? Come puoi utilizzare il tuo blog come strumento di generazione di lead che ti permette di guadagnare soldi su base coerente?

Vi mostrerò come nel prossimo capitolo.

Affiliati!

Uno degli aspetti più importanti della costruzione di un blog redditizio è decidere quale forma di monetizzazione funzionerà meglio per il vostro mercato.

Ci sono molte opzioni diverse a vostra disposizione, quindi capire da quale iniziare (e infine calibrare il formato a cui i vostri visitatori hanno maggiori probabilità di rispondere) è spesso la parte più complicata del processo.

Quindi, scomponetelo in modo da poter creare un sistema sicuro che vi permetterà di guadagnare denaro in poco tempo, evitando le opzioni a basso rendimento di cui sono vittime così tante persone.

DEFINIRE IL VOSTRO OBIETTIVO:

È possibile avviare un blog semplicemente perché siete interessati a scrivere contenuti per il vostro mercato di nicchia. Forse hai un sacco di informazioni da condividere e divertirti ad aiutare gli altri. Ottimo! Ma devi ancora definire lo scopo del tuo blog.

Il tuo blog è progettato per attirare visitatori con contenuti utili e gratuiti che puoi trasformare in un vantaggio?

Hai intenzione di utilizzare il tuo blog per offrire un'offerta gratuita in cambio di un indirizzo e-mail per creare mailing list specifiche?

Se è così, allora il tuo blog è un meccanismo per generare potenziali clienti e questo è il tuo obiettivo.

L'obiettivo della creazione di un blog non è solo quello di fare soldi vendendo prodotti e servizi direttamente, sia con le proprie offerte o attraverso offerte di marketing di affiliazione. Il tuo blog dovrebbe anche essere uno strumento per generare potenziali clienti, un modo per entrare nel tuo mercato, e costruire autorità nella tua nicchia.

Allora, *come puoi iniziare a monetizzare il tuo blog?*

> ### **Affiliate Marketing!**

Anche se si dispone di un prodotto o servizio proprio, se siete nuovi alla vostra nicchia e non sono stabiliti come sviluppatore di prodotti, si dovrebbe iniziare con la creazione di contenuti interessanti per il tuo blog e monetizzare quel contenuto con prodotti e servizi stabiliti da parte di imprenditori che offrono opzioni di marketing di affiliazione.

È quindi possibile sifonare la credibilità di questi professionisti affermati, e meglio ancora, è possibile lasciare che facciano la maggior parte del lavoro!

Con l'affiliate marketing, non sei bloccato sui desktop che supportano le e-mail dei clienti che hanno bisogno di aiuto.

Non stai lavorando con grafici, materiale promozionale e media kit per fornire strumenti da utilizzare ai promotori.

Non stai lavorando sugli aggiornamenti del prodotto, inseguendo e riparando problemi o bug nel tuo software.

Come affiliato, hai un lavoro da fare: vendi il prodotto e guadagna soldi!

Il marketing di affiliazione è sicuramente la strategia più intelligente.

> ## Ti serve un'altra condanna?

I marketer affiliati possono creare blog redditizi più velocemente di chiunque altro perché non si spendono mesi investendo tempo e denaro nella creazione di prodotti. Puoi scegliere tra centinaia di prodotti ad alte prestazioni e presentarli sul tuo blog con pochi clic.

I marketer affiliati possono generare un reddito che è quasi esclusivamente passivo. Non sei coinvolto nel supporto, nello sviluppo o negli aggiornamenti, il che ti lascia libero di creare contenuti, creare le tue liste di posta elettronica e valutare i prodotti dello sviluppatore che ti faranno guadagnare più soldi possibile.

E l'affiliate marketing può anche introdurti alla vendita di prodotti a caldo, dandoti idee per il tuo prodotto in seguito sulla strada una volta che il tuo blog è stato creato e stai generando traffico costante! Saprai esattamente che tipo di prodotti vendi senza dover testare a lungo i tuoi prodotti, riducendo al minimo il rischio di fallimento.

E' una situazione vantaggiosa per tutti.

L'unica eccezione a questa regola è se si è un fornitore di servizi. Se fai soldi offrendo consulenza, vendendo immobili o qualsiasi altro tipo di servizio, vorrai iniziare ad offrire questi servizi sul tuo blog fin dall'inizio. Ma se non sei un fornitore di servizi, l'affiliate marketing è l'unica strategia di monetizzazione su cui dovresti concentrarti.

Questo è ciò che dovete vendere......

Se stai pensando: "Che tipo di prodotti di affiliazione dovrei vendere? Questa è l'unica cosa di cui preoccuparsi quando si sceglie come monetizzare il tuo blog.

La chiave del successo non è andare a caccia di mercati a buon mercato. Non commettere l'errore di pensare che sia meglio vendere un prodotto da 10 dollari perché è probabile che più persone lo comprino. Non è vero, non è logico. Infatti, renderà le cose più difficili per te stesso e dovrai lavorare molto di più per generare un reddito dignitoso ogni mese.

Invece, fate quello che fanno i blogger professionisti: iniziate con prodotti di affiliazione di fascia alta (77$ e oltre) e scendete. Non solo guadagnerai più soldi, ma non dovrai vendere quasi altrettante copie per farlo!

L'unico modo per far funzionare un prodotto di fascia bassa è se si dispone di un solido supporto di prodotti a prezzi più elevati. Nell'edizione, gli autori chiamano questo primo prodotto (libro 1 della sua serie) un leader perduto. Fondamentalmente, stai vendendo ad un prezzo abbastanza basso per qualificare gli acquirenti (piuttosto che i motori di ricerca gratuiti), mentre li seduce ad acquistare i vostri prodotti backend a prezzi più alti. E' li' che fai i tuoi soldi.

Nel marketing di affiliazione, l'unico modo per vendere un'offerta iniziale ad un prezzo basso ha senso se si dispone di una serie di offerte back end ad alto prezzo da afferrare. Quando si avvia il blogging (e nel marketing di affiliazione), è molto più facile andare per l'oro e promuovere offerte a prezzi più elevati sul tuo fronte, mentre tagliando i denti nel processo.

Inoltre, mentre promuovi le offerte degli affiliati e crei le tue liste e-mail, puoi lanciare facilmente il tuo prodotto in seguito ad un prezzo più alto perché hai coltivato gruppi di abbonati che si sentono a proprio agio a pagare prezzi più alti.

E ricordate, la metrica che è al di sopra di tutte le altre è il numero della vostra mailing list. Non preoccupatevi degli abbonati ai feed RSS - che non vale più la pena di prendere in considerazione - concentratevi solo sulla costruzione delle vostre newsletter, perché questo sarà il vero predittore di quanti soldi farà il vostro blog.

QUELLO CHE DEVI SAPERE:

Come puoi trovare i migliori prodotti di affiliazione per il tuo blog?

La soluzione più semplice è unirsi alla rete pubblicitaria di Chitika qui: https://chitika.com/publishers

Mentre ci sono molte reti pubblicitarie diverse (e ne condividerò con voi altre che fanno soldi in un attimo), Chitika è una delle principali reti pubblicitarie online.

Ecco alcuni altri che ho usato. Queste sono tutte risorse fantastiche per i nuovi blog:

LinkCondividi: *Rakuten Marketing:

::Italian Subs Addicted::
[https://www.linkshare.com/]

Una delle più grandi reti di affiliazione online con oltre 10 milioni di associazioni di affiliazione. Non mancheranno le scelte di prodotti e servizi tra cui scegliere.

Commission Junction:

::Italian Subs Addicted::
[http://www.cj.com/]

Questo è quello con cui ho iniziato molti anni fa (ho anche un treno di legno che hanno mandato alla loro prima ondata di affiliati), e lo uso ancora oggi. Rete pubblicitaria molto affidabile e affidabile.

ShareASale:

::Italian Subs Addicted::
[https://www.shareasale.com/]

Una delle reti pubblicitarie più popolari con più di 3.000 commercianti che partecipano, quindi troverete una tonnellata di prodotti da promuovere.

Programma di affiliazione Amazon:

::Italian Subs Addicted::
[https://affiliate-program.amazon.com/]

Anche se il rapporto di pagamento è inferiore a molte altre reti, vi offrono la possibilità di vendere prodotti di un marchio altamente riconosciuto, oltre ad avere accesso a tutto il vostro inventario prodotti. Vi consiglio di provare una manciata di prodotti quando iniziate a scrivere sul vostro blog, in quanto sono eccezionalmente facili da usare.

Includerò alcune delle altre reti pubblicitarie che ho utilizzato alla fine di questa relazione nella sezione risorse. Per ora, unisciti a queste quattro reti e cerca nel tuo inventario una manciata di prodotti che sono rilevanti per la tua nicchia e per quello che pensi che possa interessare di più i tuoi visitatori.

Poi crea il tuo contenuto. Se hai un budget limitato e hai intenzione di esternalizzare la maggior parte del lavoro, spendi la maggior parte dei tuoi soldi per lo sviluppo dei contenuti. È così che ti distinguerai dagli altri blog del tuo mercato, catturerai l'attenzione del tuo pubblico e incoraggerai il traffico ripetuto. Se non fai nient'altro, spendi tempo (o denaro) per creare contenuti KILLER della massima qualità possibile.

> ➢ **Non sei sicuro di cosa scrivere?**

Cerca i primi 10 blog nel tuo mercato di nicchia. Guarda cosa stanno scrivendo, che tipo di titoli e titoli stanno usando. Quali articoli hanno più gusti e commenti? Scrivi tutto quello che trovi, creando uno slider informativo che ti aiuterà a creare il tipo di contenuto che più ti interessa nel tuo mercato.

Prenditi il tuo tempo con questo! Se non siete sicuri del tipo di contenuti che i vostri visitatori desiderano di più, dovete davvero passare un po' di tempo a fare ricerche prima di iniziare. Non ci vuole molto tempo. Trascorrere un'ora o due blog popolari di scansione e avrai rapidamente una lista di possibili idee.

Ricordate, tutto ciò di cui avete davvero bisogno per iniziare a creare un blog sono 2-3 articoli di alta qualità. Oppure, girate la sceneggiatura e offrite ai vostri visitatori una combinazione di tipi di contenuti, tra cui infografiche, articoli o un video.

E imposta sempre la tua mailing list di opt-in prima di iniziare ad indirizzare il traffico verso il tuo blog.

Se si desidera un'opzione accessibile e facile da usare, visitare http://www.MailerLite.com o http://www.MailChimp.com e poi integrare un'applicazione opt-in come LeadPages.net o OptinMonster.com per semplificare il processo.

Ricapitolare:

- Crea 2-5 pezzi di contenuto killer sotto forma di articoli, infografiche o video.

- Investire in un servizio di mailing list e impostare il vostro benvenuto / presentazione e-mail. Non vendere nelle prime 2-3 email.

- Offri loro UNA cosa gratis: un

rapporto, un download gratuito, o qualcos'altro che piaccia al tuo mercato.

- Integrare 1-3 prodotti di affiliazione nel contenuto del tuo blog e nelle newsletter della mailing list.

- Quando puoi permettertelo, acquista un plug-in opt-in per mailing list che cattura potenziali clienti.

Si può fare a meno di questo semplicemente incorporando il codice di registrazione alla mailing list nel proprio blog, ma onestamente, applicazioni come OptinMonster.com sono molto più professionali, in quanto non solo creano automaticamente pop-up o moduli del sito, ma è anche possibile personalizzarli per apparire in base all'attività dell'utente (ad esempio, quante volte il visitatore è stato lì, dove il visitatore è sul tuo sito web, ecc.

- Valutare regolarmente i prodotti degli affiliati dalle reti di affiliazione. Tenere il polso sul vostro mercato visitando costantemente i blog installati nella vostra nicchia al fine di tenere il passo con il tipo di contenuto che si sta ricevendo un sacco di attenzione così come il tipo di prodotti che si sta vendendo.

- Generare il traffico! Coinvolgere potenziali visitatori attraverso i social media, creare campagne pubblicitarie con la rete di visualizzazione dei contenuti di Google, utilizzare forum e comunità all'interno della vostra nicchia per presentare il vostro blog e massimizzare l'esposizione.

Conclusione

Voglio che inizi a vendere oggi. Non commettere l'errore che fanno così tanti blogger alle prime armi e pensare che dovresti prima di iniziare a vendere, aumentare la tua lista di abbonati a 1.000 utenti. Non preoccuparti di avere "abbastanza" contenuti sul tuo blog.

Inizia pubblicando 2-3 articoli altamente informativi sul tuo blog che saranno di interesse per il tuo target di riferimento e scegli tra 1 e 3 prodotti affiliati da promuovere. Dividere e presentare un prodotto per ogni 2-3 articoli sul tuo blog, con le altre offerte di affiliazione che vengono inviate ai tuoi iscritti alla newsletter.

La chiave è non insistere. Fornire contenuti di valore che attrae i visitatori e integra una o due offerte di affiliazione nella struttura del tuo blog. In questo modo, non lo stai mettendo in faccia a loro, ma piuttosto ricordando loro di uno strumento o servizio utile che li aiuterà in qualche modo.

E' difficile rimanere motivati come blogger se non si fanno soldi, quindi se si iniziano subito gli sforzi, invece di cercare di perfezionare tutto, si vedranno i risultati molto più velocemente. È inoltre possibile generare entrate che andranno a formare il vostro team, assumendo scrittori e professionisti del marketing.

Una volta che hai incassato il primo assegno o accettato il primo pagamento Paypal per le tue vendite di affiliazione, fidati di me; sarai agganciato.

Ora sì, vi auguro il meglio dei vostri risultati, e ricordate, tutto è pratico; la teoria senza azione non vi serve a nulla.

Un grande abbraccio, il tuo amico Gaston!

A proposito, quando si raggiungono i risultati a poco a poco, vi consiglio vivamente, se volete imparare molto di più sui metodi di fare soldi, il mio libro, su "FARE MONEY CON IL VOSTRO ACCOUNT INSTAGRAM", è un libro che sono sicuro vi aiuterà molto sulla strada verso la "libertà finanziaria". Senza ulteriori indugi, potete trovarlo nel motore di ricerca di Amazon, come: "Fare soldi con il vostro conto instagram" o cercando il mio nome, come: "Gaston Echevarria".... Ancora una volta vi auguro di avere successo nei vostri risultati!

Risorse extra

Risorse della campagna

Ecco i link alle risorse presenti in questa guida:

Reti pubblicitarie:

LinkShare: https://www.linkshare.com/

Giunto della Commissione: http://www.cj.com/

ShareASale: https://www.shareasale.com/

Programma Partner Amazon: https://affiliate-program.amazon.com/

Google Affiliate Network: https://www.google.com/ads/affiliatenetwork/

La scelta migliore per i prodotti digitali: www.JVZoo.com

Suggerimento professionale: Fornisci un valore aggiunto trasformando i tuoi contenuti in moduli PDF scaricabili che i tuoi visitatori ameranno! == ::Italian Subs Addicted:: [http://www.PostGopher.com]

Moduli/elenco costruttori opzionali:

http://www.OptinMonster.com

http://www.LeadPages.net

Fornitori di mailing list:

http://www.mailerlite.com

http://www.MailChimp.com